いろいろな人の目線で考えよう

心の
バリアフリー
を学ぶ

① 身近な場所 編

監修 髙橋儀平
（東洋大学名誉教授）

発売 小学館　発行 小学館クリエイティブ

心のバリアフリーを学ぶ

① 身近な場所編

もくじ

学校

町の中

家

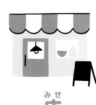

店

コラム

この本の使い方

1巻では、学校や家、公園、スーパー・コンビニ、レストランなど、町の建物や施設の場面を取り上げます。

場面の説明

バリアフリーの工夫
だれでも使いやすくするポイントを紹介します。

バリアを感じている人
どんな障害があるかを示しています。絵が表す障害は8〜9ページで紹介しています。

バリアを感じている人の声
バリアを感じた人の体験談を紹介します。

Q&A
疑問や不思議を解決します。

参考になるページ
その言葉について、くわしく説明しているページを (→2巻56ページ)のように示しています。

ミニコラム
知っておきたいバリアフリーの情報や知識を紹介します。

コラムページ
バリアフリーについて、もっとよく知るページです。

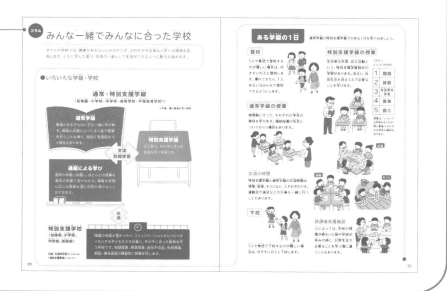

この本を読むみなさんへ

東洋大学名誉教授
髙橋儀平

　私が小学生のころの話です。私が通う小学校の近くに県立ろう学校※がありました。通学路がだいたい同じで、学校への行き帰りはいつもろう学校の児童・生徒と一緒でした。ある日の下校時、自宅まであと少しのところで、ろう学校の人たちに待ちぶせをされてなぐられたことがありました。たまたま弟といたのですが、突然複数の人に襲われ、抵抗も出来ずびっくりして家までにげて帰りました。なぜなぐられたのか全く心当たりがありません。帰宅後すぐに家族から学校に連絡してもらい、事情がわかりました。数日前、ろう学校のみなさんが私の通う小学校の児童にからかわれて、弟と私がその犯人だと勘違いされ、仕返しをされたようでした。でもすぐにその誤解は解けて人違いだということがわかりました。この時のショックは、今ふり返るとその後の私によい体験として残っています。なぜかというと、この体験がなかったら、ろう学校のみなさんの想いがわからなかったからです。

　ずっと後になって大学の研究室で学生たちと一緒にバリアフリー研究をするようになった時、あの時の体験がよみがえってきました。今でも障害のある人と出会うたびに、大切な「出会い」であることを強く意識しています。障害のある人と出会うことは、ほとんどありません。もしみなさんが障害のある人と出会う機会があったら、記憶にしっかり残してください。どんなことについてもいえることですが、「出会い」がみなさんをつくり、みなさんを変えていきます。

　この本で、心のバリアフリーの知識は学べても体験や経験を積むことはできません。人を知ることは、一緒に遊んだり、学んだり、けんかしたりすることから始まります。ぶつかっていって友だちのことを知ってください。そんな出会える場を、教室の中で、町の中でつくってほしいと思っています。そしてその体験を友だちや先生に話してくださいね。

※現在は「特別支援学校」という。

4

バリアってなんだろう？

「バリア」は日本語で「障壁」という意味があります。生活のさまたげになっている壁（バリア）を
なくす（フリー）ことが「バリアフリー」です。では、世の中にはどのようなバリアがあるのでしょうか？

物理的なバリア

建物の出入り口の段差や、届かない高さにあるスイッチなど、移動や作業を困難にするもの。

制度的なバリア

障害を理由に入学を断られる、国家資格が取れないなど、社会に参加する機会をうばわれること。

4つのバリアが
なくなると
「バリアフリー
社会」に！
出典：国土交通省

文化・情報面のバリア

字幕がついていない、音声案内がないなど、情報を得る手段が限られていること。

意識上のバリア

障害があることを「かわいそう」だと思う、偏見の目で見るなど、自分とちがうので受け入れられないと思うこと。

バリアをなくすための法律

すべての人が障害のあるなしで分けられることなく生活を送れるように、国が法律をつくっています。その内容の一部を見てみましょう。

障害者差別解消法

2016年に施行された法律で、正式名称は「障害を理由とする差別の解消の推進に関する法律」といいます。この法律では、障害を理由としたあらゆる「不当な差別的取扱いの禁止」と「合理的配慮の提供」が求められています。

不当な差別的取扱いの禁止：障害を理由として、サービスの提供を拒否したり、利用を制限したりすることを禁止しています。

合理的配慮の提供：バリアを感じた本人から、バリアを取り除くよう要望があった時、大きすぎる負担がない範囲で対応しなければいけません。

バリアフリー法

2006年に施行された法律で、正式名称は「高齢者、障害者等の移動等の円滑化の促進に関する法律」といいます。公共交通機関や建物、公共施設はすべての人が利用しやすいようにしなければいけません。例えば、駅の出入り口からホームまで、エレベーターかスロープなどをつくって段差をかならずなくすことや、車いす使用者用の駐車場を設けることなどが義務づけられています。

バリアをなくす方法を考えよう！

法律や制度で、すべての人が平等に生活できるように決められています。建物や設備をつくる人だけのルールではなく、私たちも行動を起こさなければバリアはなくなりません。

さまざまな人がいる社会

日本の人口は約1億2600万人※です。当たり前ですが、
自分と同じ人間は1人もいません。

子ども
12％※

高齢者
28％※

左利きの人
10％

住んでいる
外国人
1％

LGBT
8％

障害者
10％

日本にはどのくらいいるのかな？

※総務省統計局2019年8月1日現在。子どもは15歳未満、高齢者は65歳以上の割合を表す。

心のバリアフリー

国は、2020年東京オリンピック・パラリンピックをきっかけに、だれもが暮らしやすい社会をつくるための「ユニバーサルデザイン2020行動計画」(2017年)を発表しました。その中で、自分とはちがうさまざまな人をおたがいに尊重しあい、差別のない社会をつくるために「心のバリアフリー」が大切だとしています。

⋯⋯⋯⋯⋯⋯⋯ 「心のバリアフリー」のポイント ⋯⋯⋯⋯⋯⋯⋯

1 障害のある人のバリアは個人にあるのではなく、社会の中にあること（障害の社会モデル）を
理解し、心のバリアを取り除くのは社会の中のひとりひとりの責務であること。

2 障害のある人（およびその家族）に対して障害を理由とした差別をせず、
ひとりひとり異なる配慮を十分に行うこと。

3 自分とは異なる技能や要求をもつ多様な人びととコミュニケーションをとり、
すべての人がかかえる困難や痛みを想像し、共感する力をつちかうこと。

この教室にはどんな人がいますか？

みんなが平等に授業を受けられるような工夫を探してみましょう。
そこから「心のバリアフリー」のポイントが見えてくるはずです。

1 障害は「個人」ではなく「社会」の中にある

視力がとても弱くて、教科書の字が読めないので、タブレットを使って文字を拡大して読んでいます。「教科書が読みにくい」というバリアがなくなりました。

2 障害があることを理由に差別をしない

人の声やいすを動かす音など、周りの音が大きく感じて授業に集中できない人がいます。音をさえぎるイヤーマフを使えば、単に勉強しない人として区別されることなく、同じ教室で学ぶことができます。

3 相手の気持ちを想像してみる

見えにくい人、聞こえにくい人、車いすを使っている人など、さまざまな人たちと交流すると、相手のことを知ることができます。感じているバリアは人それぞれだと気づくことが大切です。

髙橋儀平先生

ちがっていて当たり前。では、学校や社会のバリアをなくすためにはどうしますか？　この本を読んで、あなたができることを考えてみましょう。

バリアを感じている人はだれ？

このページで紹介する人たちがさまざまな場面で困っていることを、「バリアを感じている人の声」として取り上げています。
声を聞いて、自分が思いこんでいる「当たり前」を見直してみましょう。

見えない 見えにくい

視覚障害

目がまったく見えない人や視力は弱いけれど少し見える人などがいます。全体が見えない、もしくは見えにくい、見える範囲がせまい、部分的にしか見えない、色の区別がつきにくいなど、見え方はさまざまです。歩行を補助するために、白杖を持っている人もいます。

お話を聞いた人：上薗和隆さん、鷹林智子さん、三宅 隆さん

聞こえない 聞こえにくい

聴覚障害

まったく聞こえない人や聞こえにくい人がいます。聞こえ方にもちがいがあり、小さな音が聞こえにくい場合は補聴器をつけることで聞こえやすくなる人もいます。生まれつき聞こえない場合は、音声を発することが難しいこともあります。

お話を聞いた人：藤川太郎さん

手足や体が自由に動かせない

肢体不自由

手や足、体のことを「肢体」といいます。肢体不自由とは、うでや足の一部が欠損していたり、まひがあって動かなかったりするため、立ったり歩いたりという動作が難しいことです。車いすや義手、義足、つえなどを使って動作を補助している人もいます。

お話を聞いた人：白井誠一朗さん

内臓や免疫の機能が低下している

内部障害

心臓や腎臓、呼吸器などの内臓の機能や免疫機能の働きが悪くなることを「内部障害」といいます。「ペースメーカー」という心臓の働きを助ける機器を体にうめこんでいる人、はいせつがうまくできないため「人工肛門」などをつけている人（オストメイト）もいます。

脳の働きの変化で心や体に苦痛を感じる

精神障害

実際には音がしていないのに聞こえたように感じたり、周りの人がみんな自分を見ているように感じたりするために、日常生活が困難になってしまう人です。「統合失調症」「うつ病」「不安障害」などの分類があります。

お話を聞いた人：鷺原由佳さん

得意なことや苦手なことの差が大きい

**発達障害
知的障害**

知的障害は、記憶力や言語能力などの発達におくれが見られ、学業や日常生活が困難になることです。発達障害は、生まれつき脳の一部の機能に障害があり、コミュニケーションや学習が難しいことです。発達障害に知的障害をともなう場合もあり、はっきり分けられるものではありません。

お話を聞いた人：橋口亜希子さん（発達障害のある子どもの母親）

自分の性や好きになる相手の性に違和感を覚える

LGBT

性的少数者の総称のひとつです。女性が女性を好きなレズビアン（L）、男性が男性を好きなゲイ（G）、男女どちらも好きになるバイセクシャル（B）、心と体の性が一致しないトランスジェンダー（T）の頭文字です。このほか、LGBTに当てはまらない人もいます。

お話を聞いた人：原 ミナ汰さん

橋口亜希子さん

むすこが発達障害と診断されたことをきっかけに、発達障害者やその家族の支援活動や理解を広める活動を行っている。2015年から一般社団法人日本発達障害ネットワークで事務局長を務め、2018年に橋口亜希子個人事務所を設立。

　私のむすこは小学校1年生の時に発達障害と診断されました。赤ちゃんのころはだっこしていないとねてくれなかったり、偏食がひどかったりして、子育てにとてもなやみました。学校では授業中に座っていられなかったり、けんかをしたくないのにトラブルになってしまったりということもありました。しかし、クラスの友だちや先生など周りの人が支えてくださっていい環境だったと思います。今では会社に勤めて営業職についています。

　発達障害をかかえる人は、理解を得られずにいじめや差別を受けることも少なくありません。そんな二次被害を生まないために、相手がどんなことに困っているかに気づいて理解することが大切です。環境を整えてあげることで、だれもが生きやすい社会になるといいですね。

バリアを感じている人や家族に 話を聞い

1巻と2巻、合わせて8人の方に話を聞き

　小学校2年生のころから近くの物が見えなくなり、4年生から弱視学級※へ通いました。成人するころには視力が0.01ほどになり、現在は視野の中心部がほぼ見えません。明るさに弱いので、まぶしい所や明るさが急に変わると見えなくなってしまいます。決まった道を歩く時はほとんど困りませんが、いつもの場所がなにかの理由で変わっている時がいちばん大変です。また、かさをさすと音の情報が入りにくいので、雨の日も苦労します。

　小学生の時、視力は弱まっていましたがまったく見えない状態ではなかったので、友だちから「見えている」と思われてなかなか理解されなかったです。自分でどこまでできてどこからはできないということを、友だちや先生など周りの人と共有していくことが大切だと思います。

三宅 隆さん

社会福祉法人日本視覚障害者団体連合の情報部に所属し、視覚障害者へ情報を届ける仕事をしている。また、国の委員会などに視覚障害の当事者として参加し、障害者の希望や困りごとを伝える活動も行っている。

※現在は「特別支援学級」という。

原 ミナ汰さん

NPO法人共生社会をつくるセクシャル・マイノリティ支援全国ネットワーク代表理事。LGBT法連合会共同代表。10代で居場所をなくし、不登校、ひきこもりなどを経験。20代でレズビアンのサポートグループを結成。性的マイノリティへの社会的支援を求めて活動し、全国の自治体の相談事業に協力している。

私は体は女性ですが、小さいころから自分が女の子だと感じたことはありませんでした。いつも男の子と遊んでいて、服装や言葉づかいで注意されていましたし、スカートをはきたいと思ったこともありませんでした。かといって男の子になりたいわけでもありません。現在は、男、女ではなく「人」を表すXジェンダーとして生きています。

日本では、男だから、女だから、子どもだからと、決めつけることが多い気がします。みなさんには周りを気にせず、人として自分の「好き」を大切にしてほしいと思います。思いどおりにいかないことも多いでしょうが、自分の「好き」を認めてください。その「好き」が大人になって自分を支えてくれる力になると思うのです。人とちがうことは、たくさんのいいことがありますよ。

てみよう！

ました。ここでは4人の方を紹介します。

先天性ミオパチーという難病で、中学3年生ごろから全身の筋力が低下してきました。家の中など短いきょりは歩いて移動することができますが、外出する時は電動車いすを使用しています。車いすにたよりすぎると足の筋力がおとろえるので、動ける範囲は歩くようにしていますが、車いすから降りて歩きはじめると周りの人にびっくりされることもあります。

電動車いすだから、必要はないのに、車いすをおしてくれようとする人がいます。障害者にはなにかをしなくてはいけない、という気持ちがあるのかなと感じます。同じ障害がある人でも、してほしいこと、できることは全然ちがいます。それを理解するには、障害者と時間をともにしてほしいと思います。そうすると、自然にその人のことがわかってくると思います。

白井誠一朗さん

障害者団体のネットワーク機関である、NPO法人DPI日本会議で働く。「私たちぬきで私たちのことは決めないで」というスローガンのもと、障害者として障害者の権利獲得のため活動している。

11

学校へ行く
がっこう　　い

学校はみんなが集まる楽しい場所です。障害があるなしにかかわらず、いろいろな
子が通っています。朝の登校のようすを見てみましょう。

🔍 元気にあいさつ
げんき

先生や友だちに会ったらあい
さつをします。聞こえない、聞
こえにくい友だちは、手話言語
であいさつをします。

🔍 エレベーター

重い荷物を運ぶほか、車いす使
用者や階段をのぼることが困難
な人のために設置されています。

🔍 友だちと登校
とも　　　とうこう

低学年の子や1人で行動す
ることが苦手な子には、み
んなでむかえに行きます。

🔍 地域や大人の見守り
ちいき　　おとな　　みまも

通学路では地域の人たちや保護者が
みんなの通学を見守ります。工事中で
いつもの通学路が通れず、不安に思う
子もみんなと一緒なら大丈夫です。

みんなの態度が急に変わってしまった

中学3年生で病気が進行し、半年間の入院後、学校へ復帰しました。中高一貫校でしたので、友だちもそのままでしたが、車いすに乗っているぼくの姿を見て、みんなはれものにさわるような態度になりました。でも仲のよい友だちがふつうに接してくれたのはありがたかったです。できないことやお願いしたいことは言うので、特別なことはしなくていいのに、病気のことも聞いてくれればいいのになあと思っていました。　（白井誠一朗さん）

周りの協力でがんばることができました

私は生まれつき見えにくく、中学生までは盲学校※に通っていましたが、高校は点字で受験をして県立の普通校に入りました。教科書や副教材は、ボランティアグループの方がたが点字に翻訳してくださいました。友だちは高校ではじめて出会った人たちで、全員が同じ制服を着ているのでだれがだれだかわからず、なかなか自分から声をかけられませんでした。でも高校に入る時も、入った後も周りのみなさんに、本当に助けていただきました。
　　　　　　　　　　　　　（鷹林智子さん）

※現在は「特別支援学校」という。

障害者のための支援制度

障害のある人の支援制度があります。支援員が学校への登下校につきそったり、放課後に勉強や生活能力を向上させるための訓練をしてくれたりします（→21ページ）。

学校

授業を受ける①

下のイラストは授業のようすです。先生の声が聞こえにくかったり、文字が見えにくかったりする人のために、どのような配慮がされているのでしょうか?

🔍 補聴器と音声送信機

補聴器は音を大きくする機械で、聴覚障害の人が使います。聞こえる音の大きさは人によってちがうので、その人に合った音に調整します。また、送信機を使って先生の声をFMなどの電波に乗せて補聴器に届けることもできます。

子ども用の補聴器。

実際につけたようす。

🔍 タブレットの教材

文字を大きくすることができるので、視覚障害のある人は文字が読みやすくなります。拡大教科書もあります。

🔍 イヤーマフで雑音をカット

音を聞く感覚が強いことを聴覚過敏といいます。イヤーマフという耳あてをして、よけいな音を弱めて、先生の声をよく聞こえるようにしています。

🔍 雑音を出さない工夫

古いテニスボールに穴をあけて、机やいすの足にかぶせています。小さな音が気になったり、補聴器で聞こえにくかったりすることもあるので、雑音を出さないようにします。

14

いろいろ手助けをしてくれる友だちがいた

私は聞こえないことが悪いことでも、かわいそうなことでもないと思っています。子どものころ、聞こえなくて人とちがうことをしてしまうと、「聞こえないから頭が悪い」と言われたこともあります。ふざけている友だちに、補聴器をひっぱられたこともあります。そんな時いろいろ手助けしてくれる友だちがいてくれてうれしかったです。子どもだったから自分の気持ちや思っていることをうまく伝えることができなかったこともありました。　（藤川太郎さん）

拡大教科書って知ってる?

内容は同じですが、文字が大きい教科書があります。右の拡大教科書は通常の教科書の2ページ分が、6ページになります。

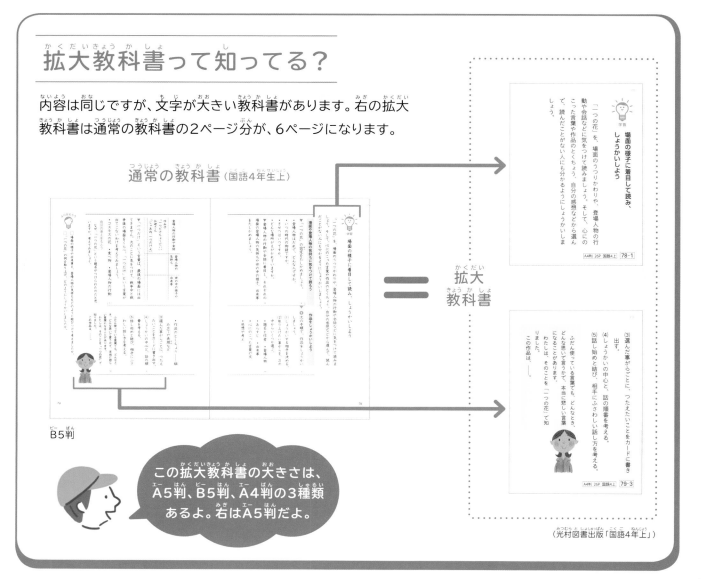

通常の教科書（国語4年生上）

B5判

拡大教科書

この拡大教科書の大きさは、A5判、B5判、A4判の3種類あるよ。右はA5判だよ。

（光村図書出版「国語4年上」）

授業を受ける②

発達障害という、ある特徴をもつ人がいます。集中するのが苦手だったり、自然に体が動いてしまったり、人それぞれちがいがあります。

🔍 落ち着ける小部屋や場所

発達障害がある人は、授業中、パニックになったり、具合が悪くなったりすることがあります。1人になれるスペースで気持ちを落ち着けています。

カームダウン・クールダウン
気持ちを落ち着けるための部屋を表すマークです。

階段の下やろうかに友だちとくつろげるスペースもあります。

🔍 行動が先に出てしまう

興味が強すぎるだけで、決していじわるをしているわけではありません。「今、私が使っているよ。かしてと言ってね」とくり返し伝えましょう。「やめて」「だめ」では、わからないかもしれません。

あ、かわいい けしゴム!

🔍 時間を忘れて夢中になってしまう

話が止まらなくなったら、「時間だからもうおしまいにしよう」とていねいに言いましょう。

それでね、それでね…

〇くん、休み時間が終わるからおしまいにしよう

🔍 計算機を使って勉強をする

計算が苦手なだけで、計算機を使うことで問題が解けることがあります。また、読み書きが苦手な人は印刷物を読み上げる機械を使うことがあります。

みんなと同じようにがんばっています

授業では、先生の話を聞きながら、黒板に書かれた文字をノートに書き写し、同時に教科書も読んで、さされたら答えるなど、複数の動作を同時に行いますが、苦手だなと思う人はいませんか？　発達障害のある人の中には、とくにこの複数の動作を同時に行うことがとても苦手で困っている人がいます。そんな時はあせってしまうし、自分1人だけが取り残されたような気がして悲しくなります。

（橋口亜希子さん）

Q 発達障害って、どんな障害なの？

 障害というより、その人の特徴です。

発達障害には、じっとしていられない、忘れ物をする、片づけが苦手、自分のことばかり話してしまうことなどがあります。だれにでもあることですが、うまく対応できなくて困ってしまう障害です。また、がんばっても、周りの人たちと同じように行動できないことがあります。そんな時は自分が悪いと思って、どうしたらいいかわからずに1人でなやんでしまうのです。10人に1人はい

るといわれている発達障害は決してめずらしい障害ではありません。大切なことは、発達障害のある人の困りごとを自分だったらどうしてほしいかを考えて、それを行動に移すことです。

落ち着ける道具

少しの補助で、気持ちが落ち着いたり、体が楽になったりする道具があります。

姿勢を保つのを助ける

支える
支える
固定する

体幹が弱く、長時間座っていられない人のために開発された補助道具です。背と座面のシートが骨盤を支えるので、楽に姿勢を保つことができます。

そわそわを落ち着かせる

座っていると足がむずむずしたり、体がそわそわしたりする人は、重いひざかけをかけると、落ち着いて座ることができます。

学校（がっこう）

校庭で遊ぶ（こうていであそぶ）

みんな一緒に校庭で遊びます。困りごとがあっても、みんなはどんな工夫や対応をしているのでしょうか?

🔍 **一緒に遊ぶ（いっしょにあそぶ）**

やわらかいボールを使うなど、だれもが一緒に遊べる工夫をしています。

🔍 **サングラスをかける、ぼうしをかぶる**

太陽の明るい光や、ある色が苦手な、視覚が過敏な人がいます。外ではサングラスやぼうしをかぶって対処しています。

🔍 **思ったことを口にしてしまう（おもったことをくちにしてしまう）**

発達障害のある人は、相手の気持ちがわからずに、思ったことを言ってしまうことがあります。かれらには悪気はないので、そんな時はおこらないで「私はとても傷つくよ」「服のことは言わないでね」と伝えてみましょう。

🔍 **割りこみをしてしまう（わりこみをしてしまう）**

発達障害のある人は、水が飲みたいという気持ちが強くなって、周りの状況がよくわからずに割りこんでしまうことがあります。そんな時は「だめ」と言う代わりに「順番に、ここに並んでね」と、その子がうまくできる方法を伝えます。

18

おこりたくないのにおこってしまいます

発達障害のある人は、不安になったり、自分の思いがうまく伝えられなかったりする時など、どうしていいかわからずに思わず大きな声を出してしまうことがあります。おこりたくないのにおこってしまって、友だちに変わっていると思われたり、きらわれたりして、とても傷ついています。みんなと同じように友だちと遊びたいし、仲よくしたいと思う気持ちは一緒です。

（橋口亜希子さん）

言い方を変えてみよう

友だちとのやり取りの中で、ついきつい言葉を言ってしまうことはありませんか。きつい言葉は言う人も言われる人もおたがいが悲しい気持ちになります。きつい言葉を言ってしまいそうな時は1回深呼吸をしてから、ほんの少しだけ言い方を変えて、相手がわかってくれる、相手に伝わる言い方にしてみましょう。

〈どんな言い方があるかな？〉

早く返して。	▶ あと1回やったら（5分たったら）返してね。
うるさい。	▶ （自分の声を聞かせて）これくらいの声で話してね。
割りこみはずるいよ。	▶ 順番に並んでいるよ。ぼく（私）の後ろに並んでね。
どうしてそんなことを言うの？	▶ ぼく（私）はとても傷つくよ。 ○○のことは言わないでね。
○○くんばかり話していやだ。	▶ （時間や順番を先に決めてから） ○○くん、もうおしまいにしよう。
取らないで！	▶ ○○がほしかったんだね。わかるよ。でも今はぼく（私）が使っているから、次にかしてねって言ってね。
そんなこともできないの？	▶ こうやるんだよ。次はこれをやってみよう。

みんな一緒でみんなに合った学校

すべての学校では、障害があるなしにかかわらず、だれもが不自由なく学べる環境を目指します。ともに学んで遊び、社会の一員として生活ができるように能力を高めます。

●いろいろな学級・学校

通常・特別支援学級
（幼稚園・小学校・中学校・高等学校・中等教育学校※）

※中高一貫の教育を行う学校

通常学級
障害のある子もない子も一緒に学びます。障害の状態によって少人数で授業を行うこともあり、個別に支援員がつく場合もあります。

**交流
共同学習**

特別支援学級
少人数で、その子に合った教育を行う学級です。

通級による学び
通常の学級に在籍し、ほとんどの授業を通常の学級で受けながら、障害の状態に応じた教育を週に何回か受けることができます。

交流

特別支援学校
（幼稚部、小学部、中学部、高等部）

障害の程度が重かったり、コミュニケーションがとりにくかったりする子どもたちを対象に、その子に合った教育を行う学校です。視覚障害、聴覚障害、肢体不自由、知的障害、病弱・身体虚弱の障害別に授業を行います。

出典：文部科学省パンフレット「特別支援教育について」

ある学級の1日

通常学級と特別支援学級でのある1日を見てみましょう。

登校

1人や集団で登校するのが難しい場合は、付きそいの人と登校します。慣れてきたら、1人あるいはみんなで登校できるようにします。

通常学級の授業

時間割にそって、それぞれの学年の教科を学びます。補助指導の先生についてもらう場合もあります。

交流の時間

特別支援学級と通常学級の交流時間は、授業、給食、そうじなど、人それぞれです。運動会や遠足などの行事も一緒に行うこともあります。

下校

1人や集団で下校するのが難しい場合は、付きそいの人と下校します。

特別支援学級の授業

生活単元学習、自立活動という、特別支援学級独自の学習があります。自立し、社会生活を送るうえで必要なことを学びます。

3年生のある日の時間割

1	国語
2	算数
3	生活単元学習
4	音楽
5	図工

授業は、いろいろな学年の子どもが、同じ教室でそれぞれの学年の教科を学びます。

給食

授業

そうじ

放課後支援施設

人によっては、学校の授業が終わった後や学校が休みの時に、日常生活で必要なことを学ぶ場に通うこともあります。

家に入る

毎日の生活の場である家。住み慣れた家でも、障害がある人にとっては、ちょっとしたことで困ることがあります。道路から玄関までにどんな工夫があるでしょうか？

🔍 センサーライト

人の気配がすると自動で明るくなります。夜、少しのあかりでも足元が見え、部屋の照明をつけなくてもよいので便利です。

センサーライトをつけたろうか。

🔍 手すりとスロープ

段差にスロープをつけ、さらに手すりで補助します。車いす使用者や高齢者だけでなく、だれにとっても通りやすくなります。

🔍 いす

足の不自由な人などは、いすに座りながらくつをはいたりぬいだりできるので楽です。

🔍 スロープ

玄関の段差をなくすためにスロープを設置しています。車いすで出入りしやすくなります。

バリアを感じている人の声

屋根つきの入り口とエレベーターは必要

マンションに住んでいますが、探す時2つの条件がありました。雨が降ると病院へはタクシーで行くので、入り口からぬれずにタクシーにそのまま乗れること。それからエレベーターが2基あること。点検が入っても、2基あれば交互に点検をするので使えなくなることもありません。あと玄関に、車いすをたたまなくても置けるスペースを確保しています。

（白井誠一朗さん）

バリアを感じている人の声

電気をつけたか、消したかわかりません

私は見えなくなって50年になりますので、慣れだったり訓練したりして、生活のある程度のことはできています。今はさわって確認できる時計や、音声で操作できる電化製品ができて便利になりましたね。ただ、電灯のスイッチが2つあるものは、どちらで消えて、どちらでつくのかわかりません。電気はつけっぱなしでねてしまうこともあります。

（上薗和隆さん）

段差を解消する便利な道具

持ち運びができるスロープ。どんな場所でも使えます。

段差を解消するために便利な段差スロープが開発されています。折りたたみ式のスロープや、部屋、トイレ、洗面所の少しの段差をなくす小さなスロープなどいろいろなものがつくられています。

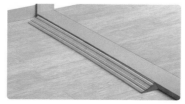

部屋の構造、段差の大きさに合わせていろいろな種類のスロープがあります。

ご飯を食べる、トイレ・風呂に入る

家

台所、トイレ、風呂は、毎日利用する大切な場所です。だれでも安心して、快適に過ごせるように、ここではどんな工夫があるとよいでしょうか？

🔍 みんなで楽しい食事

だれかに任せっぱなしにしないで、できることはみんなで手伝いましょう。みんなそろって、楽しい食事をします。

🔍 手すり

足が不自由な人は、手すりにつかまりながらシャワーをあびたり、湯船に出入りしたりできます。

🔍 段差のない床

ろうか、戸のレール、部屋の床に段差がなく、つまずくことがありません。

🔍 手すり

足の不自由な人、高齢者は、便座から立つ時、手すりや手をつく台があれば、立ち上がりやすいです。

🔍 補助いす

いすに座りながら向きを変えると、湯船に入ることができます。

バリアを感じている人の声

とにかくつかれをためないようにしています

私は精神障害のため、薬を飲んでいます。この薬の副作用で、のどがかわきやすくなったり、つかれやすくなったりします。体調を整えるため、刺激の強い物を食べないようにしたり、介助者と一緒に栄養を考えた食事をつくったりしています。家ではつかれをためないようにゆっくり休んでいます。お風呂は長めに入るなど、リラックスできる工夫をしています。

（鷺原由佳さん）

バリアを感じている人の声

続けたことでリズムがつかめてきました

私のむすこは生活のリズムをつくるのが苦手でした。例えば朝、トイレに入っても時間を忘れて40分近く入ってしまうこともあるので、トイレに入る時はタイマーを設定して「10分で出てきてね」と声かけをしました。また「すること」と「時間」を書いたポスターをつくって家中にはって、むすこが気づける工夫もしました。毎日続けたことで、時間の感覚がつかめて、生活のリズムが整いました。

（橋口亜希子さん）

便利な道具

この道具は、手や指が不自由な人でも、少しの力でびん、ペットボトルなどのふたを簡単に開けることができます。

ふたあけ器

ふたにはさんでひねったり、おし上げたりして開けます。

部屋で過ごす

いつも過ごす部屋は、リラックスできるスペースであるとよいですね。細かい所にも、いろいろなバリアフリーの工夫があります。

引き戸

横にスライドさせる引き戸は、少しの力で開けることができるので、車いす使用者だけでなく、子どもや高齢者にも便利です。

車いすに配慮した部屋

車いすで移動しやすいように床に物を置かないなどの工夫をしています。また、物が取り出しやすいように低い棚を使っています。

だれでも使いやすいスイッチとコンセントの位置

低い位置にあるスイッチや、少し高い位置にあるコンセントは、車いす使用者や子ども、高齢者が使いやすくなります。

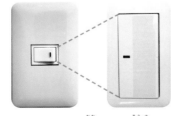

スイッチボタンも大きいと、操作がしやすくなります。便利なリモコン式スイッチもあります。

取り出しやすいケース

引き出して物が取り出せるような、取っ手つきの収納ケースを利用しています。服の収納にも低い棚を利用すると便利です。

洋服の色のバランスがわからない

昔は見えていたので色の感覚はわかります。でも、今はまったく見えないので、たまにとんでもない色の組み合わせの服を着ているようで、妻に注意されます（妻も見えにくいですが色はわかります）。視覚障害のある人はそれぞれで、色がわかる人、まったくわからない人がいます。でも気をつかわずに色の話はどんどんしてほしいと思います。ふつうに話してくれたほうがいいです。　（上薗和隆さん）

 バリアを感じている人の声

それぞれの部屋に安全と安心が必要です

発達障害のある人は、2階の窓から身を乗り出すなど、けがや命の危険につながる行動をとってしまうことがあります。また、家の中で家族とぶつかってしまうこともあります。窓に簡単に外せないかぎをつけたり、家族とぶつからないで部屋に入れる工夫をしたりしました。ここはなにをする所とか、順番にすることをわかりやすく書いておくなどもしました。
（橋口亜希子さん）

ユニバーサルデザインのおもちゃ

障害のある人も一緒に楽しめるおもちゃがあります。共遊玩具といいます。

大回転オセロ

盤とオセロ石が一体となったオセロで、石がなくなることがありません。石が回転し、白と黒が入れかわります。黒石ででこぼこしていて、さわって確認することができます。

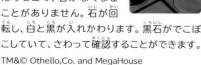

TM&© Othello,Co. and MegaHouse

地球儀

見て聞いてさわって楽しめる地球儀です。地球儀とパッドを接続し、知りたい国を付属のペンでタッチすると、その国の情報が音声や画像、文字などで表示されます。

横断歩道をわたる

横断歩道では信号を守るルールがあります。この横断歩道にも、車いす使用者や視覚障害のある人などが安心してわたれるような工夫があります。

🔍 音響信号機

ボタンをおして青信号になると音が出ます。青信号の延長ボタンもあります。

右の写真はボタンを大きくしたタッチ式スイッチです。
青ボタンは音声案内で、緑ボタンは青信号を延長します。

🔍 点字ブロック

視覚障害のある人が安心して歩行できるように、点字ブロック（→31ページ）が設置されています。

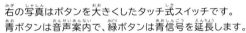

🔍 2cmの段差

視覚障害のある人が道路と歩道を区別するために2cmの段差があります。角が丸くなっていて、車いすでも通れます。

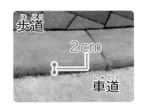

歩道　2cm　車道

この段差は、車いす使用者と視覚障害のある人のグループが話し合って決めました。

🔍 エスコートゾーン

視覚障害のある人がまっすぐ安全に横断歩道をわたれるように、中央にしかれています。点状のでこぼこで誘導します。

バリアを感じている人の声

赤信号でわたらないで。つられちゃう…

私たち、目が見えない、見えにくい人は、周りの音で横断歩道をわたれるか判断しています。赤信号でわたってしまう人につられて歩き出して、走ってきた車にひかれそうになったことが何度もあります。亡くなった方もいます。音響信号機がない横断歩道では、赤信号でわたらないでほしいのと、「青になりましたよ」と一声かけてもらえるとうれしいです。　（三宅 隆さん）

バリアを感じている人の声

延長ボタンをおしても、変な目で見ないで

私は精神障害の特性のため、とてもつかれやすい体質です。長い横断歩道はわたりきれず、中央分離帯で止まってしまうことがあります。わたる前に、青信号延長ボタンをおす場合があるのですが、見た目で障害がわかりにくいので、「なんで関係ない人がおしているの？」という目で見られてしまいます。延長ボタンは、いろんな人が使うということを知ってほしいです。

（鷺原由佳さん）

盲人のための国際シンボルマーク

視覚障害のある人のための世界共通のマークです。バリアフリーに対応した施設、建物、機器につけられています。

Q シグナルエイドってなに？

A 音声案内を受けられる送受信機です。

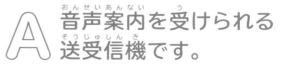

音声案内を設置してある施設や場所で、シグナルエイドのボタンをおすと、音声案内が受けられます。情報提供エリアに入ると「ピピピ」と、小さな音が鳴り、そこに音声案内の機械や施設があることを知らせてくれます。横断歩道の青信号を延長したり、施設の案内を音声で聞くことができたりします。

町を歩く

町の中

町を歩く時にも、障害がある人にとっては困ることがたくさんあります。
そんな困りごとを解消するためにどんな工夫がされているのでしょうか?

🔍 整備された広い歩道

段差や、穴などでこぼこした部分もなく、きれいに整備された道路は、車いす使用者やベビーカーの利用者だけではなく、高齢者も安心して歩くことができます。

🔍 休憩できるいす

町の中にいすが設置されていると、つかれやすい人や高齢者などは、休みながら移動できるので、安心して外出することができます。

白杖

点字ブロック

🔍 自転車専用のレーン

自転車が歩行者と同じ道を走っていると、ぶつかったりして危ないので、自転車専用のレーンがつくられています。

白杖SOSシグナル

「白杖を頭上にかかげている視覚障害者を見たら、手助けを求めているサイン」だと知らせるマークです。

SOS

(岐阜市障がい福祉課)

30

自転車、かさの持ち方などに気をつけて

道路での困りごとはたくさんあります。せまい歩道に自転車が置いてあったり、店の看板などがせり出していたりすると通れません。車が歩道に乗り上げて止まっていることもあります。あと、横に並んで話しながらゆっくり歩く人たちにも困ります。それからかさをぶらぶらふり回して歩かれると、当たったり、車輪に巻きこんでしまったりして危険です。車いすで通る人がいることを知ってほしいです。　　　　　（白井誠一朗さん）

自転車は走る場所を確認してほしい

私は、車のクラクションや自転車のベルの音が聞こえないので、後ろを確認しながら歩いています。ふりかえり、ふりかえり歩くのは、もう習慣になってしまいました。自転車は自転車専用レーンか、ない場合は車道を通行することになっているので、守ってほしいですね。もしベルを鳴らしても気づかない人がいたら、聞こえない人かなと考えてほしいです。　（藤川太郎さん）

視覚障害者のたよれる味方

視覚障害のある人が安心して町を歩けるように、設置された設備や道具があります。

点字ブロック

警告ブロック

誘導ブロック

正式には視覚障害者誘導用ブロックといい、道路や駅、施設の床などにしかれています。2種類あり、進む方向を示す「誘導（線状）ブロック」と、危険な場所やある位置の目印となる「警告（点状）ブロック」があります。

白杖

視覚障害のある人が歩く時に、なくてはならない道具です。障害物や周りのようすを確かめるために、白杖で道路や床をさわりながら歩きます。また、視覚障害があることを周りに伝える重要な役目もあります。

折りたたむことができるものもあります。

公園で遊ぶ

町の中

公園は遊具で遊ぶだけでなく、散歩をしたり、くつろいだりして、いろいろな人が利用します。だれもが楽しめるようにどのような工夫があるでしょうか?

🔍 衝撃をおさえる素材

着地した時に衝撃が弱くなるようにクッションがしいてあります。

🔍 だれでも遊べる遊具

車いす使用者でも遊ぶことができる遊具が設置されています。

🔍 テーブルの工夫

片側にベンチがなく、車いす使用者でも使うことができるテーブルです。

🔍 さわってわかる案内板

さわって施設名や位置を確かめられる案内板です。

🔍 手すりつきのスロープ

ゆるやかなスロープで、車いすでも通ることができます。高齢者や歩行が困難な時には手すりがあると安心です。

🔍 水飲み場

レバーをおして水が出る水飲み設備です。力が弱い高齢者、子どもでも簡単にひねることができます。高さが低いので、車いす使用者も飲みやすいつくりです。

レバーをおし上げるタイプです。

左右どちらをおしても水が出るタイプです。小さな力でおすことができます。

バリアを感じている人の声

障害があっても、遊べるといいな

車いすのまま、のぼったりおりたりできる遊具は少なく、遊具で遊んだ経験はほとんどありません。海外では工夫されたユニバーサルデザインの遊具がたくさんあると聞きました。日本でも少しずつですが、つくられているようです。

（白井誠一朗さん）

バリアを感じている人の声

入り口のポールに足をぶつけてしまう

公園の入り口に、車止めのポールが設置されている所があります。私たち視覚障害者は、案内してくれる人がいないと、どこになにがあるのかほとんどわかりません。知らないで歩いていって、足をぶつけることがよくあります。鉄の材質だからぶつけるといたいです。ゴム製のものを使うなど、工夫をしてほしいです。

（上薗和隆さん）

ユニバーサルデザインの遊具が増えてきた！

障害があってもなくても、だれでも使用できる遊具が設置されはじめています。これらの遊具は、安全性も考えられています。

スロープの幅が広く、車いすで通ることができます。

車いすが入れるように高さを変えた砂場。

背もたれがついたブランコは、小さな子どもでも安全に乗れます。

（みーんなの公園プロジェクト）

車いすについて知ろう

車いすは障害がある人だけでなく、高齢で足腰が弱くなった人、
病気で一時的に歩くのが困難な人など、さまざまな人たちに使われています。
車いすにはいろいろな種類があり、ここでは代表的な3種類を紹介します。

 自走式

 **手おしハンドル**
介助者が車いすを操作する時につかむところ。

介助用ブレーキ
介助者が使うブレーキ。スピードを調整したり、停止する時に使います。

後輪

ハンドリム

タックルブレーキ
車いすが動かないよう止めることができるブレーキ。左右についています。

キャスター（前輪）

レッグサポート
足が車いすの下に巻きこまれないようサポートします。

フットレスト
足をのせるところ。

アームサポート
ひじをのせるところ。乗り降りする時はつかんで体を支えることができます。

車いす使用者が後輪についているハンドリムを操作して動かします。自走式には2種類あり、手おしハンドル部分に介助用ブレーキがついているものとついていないものがあります。

 介助式

介助者が操作して車いすを動かすため、ハンドリムがついていません。また、後輪が自走式と比べると小さくなっていて、小回りがきき、軽量で、折りたたむとコンパクトになるものが多いのが特徴です。

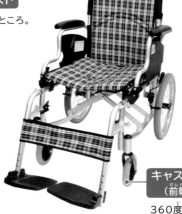

キャスター（前輪）
360度回り、方向転換に役立ちます。

 レバー

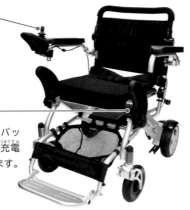 **電動式**

バッテリー
種類によってバッテリーの位置、充電方法は異なります。

電気の力でモーターを動かし、手元のレバーを操作することで移動ができます。バッテリーは家庭のコンセントで充電が可能です。少しの力で動かせるため、うでや指をうまく動かせない人や体が弱くなっている人にも使いやすくなっています。

車いすについて知ろう

●介助方法を知ろう

車いす使用者の介助をする時は、必ず本人にどのように動かすのが安全かを聞き、スピードを出しすぎないようにしましょう。階段など1人での介助が難しい場所では、周りの人の協力が必要です。

出かける前に確認すること
- ●介助用ブレーキ、タックルブレーキが正常に動くか確認。
- ●乗っている人の手がひざやアームサポートの上、足がフットレストの上にあることを確認。
- ●車輪がパンクしていないか確認。

坂道・スロープ

のぼり坂

おしもどされないよう体重を前へかけ、しっかり左右の手でおしながら前向きでのぼっていきます。

くだり坂

くだり坂では後方に注意し、介助用ブレーキを使いながら、ゆっくりと後ろ向きでくだります。前向

きでくだってしまうと、乗っている人が前にたおれ、車いすから落ちてしまう危険があります。

段差

1 ティッピングレバーを足でふみながら、手おしハンドルを下げることでキャスター（前輪）が上がります。

ティッピングレバー

2 そのまま前へ進み、段の上にキャスターをのせます。

3 後輪が段につくまで進み、手おしハンドルを持ち上げながら後輪を段の上へとおし上げます。

段差をおりる時は後ろ向きで後輪からおろすよ。また、ふみきりなどのみぞをこえる時も、この操作を応用してキャスターがみぞにはまらないように動かすよ。

＼まだまだあるよ！／
いろいろな車いす

スポーツをする時は、それぞれの競技用につくられた車いすを使います。パラリンピックではいろいろなスポーツ用の車いすを見ることができます。また、犬用の車いすなど、さまざまな車いすがあります。

陸上競技用の車いす

犬用の車いす

トイレに入る①

人が生活を送るうえで、トイレはとても重要です。駅や商業施設などにも障害のある人、子どもや高齢者などに配慮した機能をもつトイレが設置されています。

手すり

足の力が弱い人や、車いす使用者が立ったり座ったりする時に便利です。

オストメイト用設備

人工の肛門、膀胱をつけている人をオストメイトといいます。オストメイトの人は、人工的に尿や便を排出できる穴をおなかにつくり、専用の袋をつけて、便や尿を受け止めます。写真は、袋にたまった便や尿を流したり、汚れた部分を洗ったりすることができる設備です。

オストメイトを示すマーク。

おむつ交換台

おむつ交換台は、女性用トイレだけでなく、男性用トイレにもつけられています。

コンパクトな設計

ふつうのトイレの中にも車いすで入れるトイレがあると便利です。手すり、手洗いの最低限の設備です。

数が少ないので、もう少し増やしてほしい

車いすが入れるトイレは増えてきましたが、まだまだ数は少ないので、もう少し増えてほしいと思います。ふつうのトイレでも、スペースを広くするだけで、車いすが入れることもあります。あと、トイレの中に入って、かぎをしめるボタンの位置が高くておしづらいことがあります。引き出し型の大型ベッドは使ったらそのままにしてあることがあるので、戻してほしいです。

（白井誠一朗さん）

Q 多機能トイレはだれでも使えるの？

A 車いす使用者が優先です。
必要のない人はふつうのトイレを使いましょう。

多機能トイレは、「多目的トイレ」または「だれでもトイレ」とよばれることもあります。広いスペースや専用の設備が必要な人のためのトイレです。いろいろな機能を車いす使用者用のトイレに導入して、多機能トイレになりましたが、1人しか使用できないため、今は設備を分けたトイレの設置が進んでいます。

カームダウン・クールダウンエリアがほしい

私は不安感や強いストレスが続くと、とてもしんどい状態になることがあります。例えばトイレのとなりなど、施設内に落ち着ける小部屋があるとうれしいです。照明を少し落として、体を休ませられるようないすを設置してほしいです。町中で調子が悪くなっても、そこに行けば大丈夫だと安心できると思います。とくに人が多く集まる場所にはぜひお願いしたいです。

（鷺原由佳さん）

トイレに<ruby>入<rt>はい</rt></ruby>る②

いろいろな<ruby>人<rt>ひと</rt></ruby>に<ruby>対応<rt>たいおう</rt></ruby>する<ruby>設備<rt>せつび</rt></ruby>を<ruby>備<rt>そな</rt></ruby>えたトイレはほかにもあります。<ruby>新<rt>あたら</rt></ruby>しく<ruby>建<rt>た</rt></ruby>てられる<ruby>施設<rt>しせつ</rt></ruby>などのトイレは、より<ruby>工夫<rt>くふう</rt></ruby>がされています。

ベビーチェア

<ruby>子<rt>こ</rt></ruby>どもを<ruby>座<rt>すわ</rt></ruby>らせるためにベビーチェアがついているトイレがあります。

折りたたみ<ruby>大型<rt>おおがた</rt></ruby>ベッド

<ruby>折<rt>お</rt></ruby>りたたみ<ruby>大型<rt>おおがた</rt></ruby>ベッド

<ruby>介助<rt>かいじょ</rt></ruby>が<ruby>必要<rt>ひつよう</rt></ruby>な<ruby>人<rt>ひと</rt></ruby>のおむつの<ruby>交換<rt>こうかん</rt></ruby>や、<ruby>着替<rt>きが</rt></ruby>えのためのベッドです。

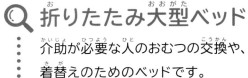

ベッドの<ruby>中央部<rt>ちゅうおうぶ</rt></ruby>で<ruby>折<rt>お</rt></ruby>りたたんで、<ruby>壁方向<rt>かべほうこう</rt></ruby>に<ruby>向<rt>む</rt></ruby>かって<ruby>収納<rt>しゅうのう</rt></ruby>できます。

カーテンつきのトイレ

<ruby>介護者<rt>かいごしゃ</rt></ruby>や<ruby>同伴者<rt>どうはんしゃ</rt></ruby>と<ruby>一緒<rt>いっしょ</rt></ruby>にトイレに<ruby>入<rt>はい</rt></ruby>った<ruby>時<rt>とき</rt></ruby>、トイレスペースをカーテンで<ruby>仕切<rt>しき</rt></ruby>ることができます。<ruby>介護者<rt>かいごしゃ</rt></ruby>や<ruby>同伴者<rt>どうはんしゃ</rt></ruby>が<ruby>異性<rt>いせい</rt></ruby>の<ruby>場合<rt>ばあい</rt></ruby>もあり、プライバシーを<ruby>守<rt>まも</rt></ruby>るために<ruby>必要<rt>ひつよう</rt></ruby>なことです。

<ruby>介護<rt>かいご</rt></ruby>マークって<ruby>知<rt>し</rt></ruby>ってる?

<ruby>障害<rt>しょうがい</rt></ruby>の<ruby>種別<rt>しゅべつ</rt></ruby>や<ruby>症状<rt>しょうじょう</rt></ruby>に<ruby>関係<rt>かんけい</rt></ruby>なく、<ruby>介護<rt>かいご</rt></ruby>する<ruby>人<rt>ひと</rt></ruby>がつけることができるマークです。ケースに<ruby>入<rt>い</rt></ruby>れて、<ruby>首<rt>くび</rt></ruby>からかけるなどして<ruby>使<rt>つか</rt></ruby>います。

介護中
（<ruby>静岡県<rt>しずおかけん</rt></ruby>）

トイレの入り口の音声案内は便利です

トイレの入り口で「右が男性トイレ、左が女性トイレです」といった、音声案内が増え、とても便利になりました。ただ、統一されてきてはいますが、水洗のスイッチの位置や使い方がバラバラなことがあります。ここにも音声案内があれば便利だと思います。　（上薗和隆さん）

 バリアを感じている人の声

トイレはずっと困っています

私は体の性は女性ですが、自分を女性だと思っていません。ですから、ずっと女性トイレに入ることができませんでした。だからといって、男性トイレに入るわけにもいかず、ずっとがまんしていました。以前、かぎつきの多機能トイレに入ろうとして、管理室に問い合わせたら、障害者以外は使えないと言われました。男女共用トイレなら気がねなく使えるのになあと思います。　（原 ミナ汰さん）

男女共用トイレとは？

発達障害のある人、認知症高齢者の介助者、性的少数者（性同一性障害者）は、男女別のトイレはとても利用しにくいです。人権を守る面からも男女共用トイレが必要です。

男女共用で、介護者や同伴者と一緒に利用することができます。

男女共用トイレが複数設置されていると使いやすいです。

性的少数者、発達障害者や高齢者の介助者も一緒に利用できます。中にはいすも用意されています。

図書館に行く

町の中

図書館は、本や新聞、雑誌を読んだり、調べものをしたり、勉強したりもできる場所です。障害がある人が便利に使うために、どんな工夫があるでしょうか?

受付

机が低く、車いす使用者はそのまま書き物ができます。

点字本や大活字本

視覚障害のある人のための点字本や文字が大きい大活字本が置いてあります。

点字でつくられた本。

文字を大きくした大活字本。

検索機

低い位置に置いてあり、子どもや車いす使用者が操作できます。

低い書棚

低い書棚は、車いす使用者や子どもでも本を取り出しやすくなります。

子どもスペース

床に座ることができるスペースがあり、楽な姿勢で本を読むことができます。お話会が開かれることもあります。

お話会は保護者と参加することができます。

通路は広くしてほしい

大判の本は、棚からとび出して置かれることがありますね。それが下の棚に置かれていると、せまい通路だと車いすの車輪に当たってしまうことがあります。せまいので回転もできず、バックするしかないので、通路が広いといいですね。あと、コピー機も車いすで利用できる高さのものがあるとよいです。

（白井誠一朗さん）

バリアを感じている人の声

ほっとできるスペースがあってほしい

前に、ペンを床に落として音を立ててしまったら、とても迷惑そうな顔をされたことがあります。今でも図書館に行くと、静かにしなくてはいけない、というプレッシャーで緊張してしまいます。もちろん静かな場所も必要ですが、例えばおだやかな音楽が流れていたり、自由におしゃべりができたり、飲み物が飲めたりしてほっとできるスペースがあってもよいのではないかと思います。（鷺原由佳さん）

こんなサービスがあります

図書館には、視覚障害のある人のための対応や機器があります。

対面朗読室

ボランティアの人などが、視覚障害のある人のために、本を読んで聞かせることができる部屋があります。図書館によっては、対面朗読専用の部屋がある所もあります。

デイジープレーヤー、デイジー図書

デイジーとは、「利用しやすい情報システム」という意味です。デイジープレーヤーは、視覚障害のある人や印刷物を読むことが困難な人が、音声を聞くことができる専用の機器です。デイジー図書は、デジタル化された図書で、デイジープレーヤーにセットします。

拡大読書器

小さな文字が読みにくい人のために、文字が拡大できる拡大読書器があります。

病院に行く

けがをしたり、病気になったら病院に行きます。病院にはけがや病気をした状態の、どんな人でも利用しやすい工夫があります。

Q 段差がない 自動ドア

車いす使用者や、白杖をついている人でも楽に入ることができます。

Q 開けやすいドア

軽い引き戸になっていて、力のない子どもや高齢者、車いす使用者でも楽に開けられます。

Q 案内の係がいる

はじめて診察を受ける時、受付機の操作や受けたい診察室の場所など、わからないことを教えてくれます。ボランティアが担当している場合もあります。

放送が聞こえにくい人もわかりやすい番号表示です。

診察室	呼出番号	まもなくお呼びします		
診察1	6	7	8	9
診察2	33	34	35	36
診察3	21	22	23	

診察室1

ごあんない
1F 2

Q 点字案内板、音声案内板

視覚障害のある人のために点字案内板、音声案内板が用意されています。

だれにでもわかりやすい点字案内板。

Q 広い待合室

人がたくさん集まる場所なので、広いスペースをとっています。車いす使用者やベビーカーの利用者でも楽に通ることができます。

エレベーターが広いので便利

車いすに乗った人がたくさんいる病院は、スペースが広く段差がないので、移動が楽ですね。エレベーターがたくさんあるし、中が広いので1度に複数台の車いすが乗れます。はじめて行った病院だと、どこへ行ったらよいのか迷うので、案内係がいるとよいですね。

（白井誠一朗さん）

かわいそうという目で見ないでほしい

医療にたずさわっている人は知識があるのですが、障害者の日常生活については知らない人が多いですね。精神障害と知ったとたんに態度が変わって、かわいそうという目で見られることがあります。そうではなくて、配慮が必要ということなんですが、それを伝えてもなかなかわかってもらえないことがよくあります。たとえ障害があっても、ほかの人と同じように接してくれると安心して病院に行けます。

（鷺原由佳さん）

受付

だれにでも便利な工夫

病院には、障害のあるなしにかかわらず、どの人にも便利で、わかりやすい工夫があります。

よび出し機

診察が近づくと音、振動、光で知らせてくれる機器です。視覚障害や聴覚障害がある人に便利です。病院内の待合室にいなくても、どこでも案内を受け取ることができます。

大きな画面でのお知らせ

受付案内、診察や会計の順番など、大型の画面で表示されるので、わかりやすいです。

みんなで防災を考えよう

自然災害の被害はだれにとっても大変ですが、障害のある人はとりわけ被害を受ける人が出てしまいます。だれもが被害を少なくするためには、どうしたらよいでしょうか？

● 災害弱者ってだれ？

災害時、自分の身の危険を知ることができない人や、知っても行動することが難しい人を災害弱者といいます。どのような人が考えられるでしょうか？

精神障害者
不安やストレスで、病状が悪くなるおそれがあります。

視覚障害者
自分の目で災害状況を確認することができません。

高齢者・妊産婦
移動や避難所での生活が困難です。

内部障害者
常に医薬品、装具が必要なため、心身ともに不安な状態です。

聴覚障害者
自分の耳で情報を受け取ることができません。

外国人・旅行者
災害情報が受け取れず、その場所の地理がわかりません。

肢体不自由者
災害情報は受け取れても移動が困難です。

乳幼児・子ども
状況がわからず、1人で行動できません。

知的障害者・発達障害者
情報を整理することができず、変化が苦手です。

＊災害時には「災害弱者」だけでなく、すべての人が避難困難者になる可能性があります。

●だれがどんなことになるの？

地震などの災害が発生したら、なにがいちばん困るでしょうか？　緊急時にはさまざまなことが起こります。だれがどんな状況になってしまうのでしょうか？

災害発生　とにかくにげよう！

移動できない
情報が受け取れない ＞ 肢体不自由者　高齢者・妊産婦　乳幼児・子ども　知的障害者・発達障害者　精神障害者　聴覚障害者　視覚障害者　外国人・旅行者　内部障害者

避難するための支援や情報が必要です。

避難所　命は助かった。さあ、生きのびよう！

移動できない	食べる物がない	トイレが利用できない
肢体不自由者　視覚障害者　高齢者・妊産婦　知的障害者・発達障害者	みんな	肢体不自由者　視覚障害者　内部障害者
移動に支援が必要です。	食料は人数分確保できない場合があります。また、アレルギーなどで、支給された食料が食べられない人もいます。	車いす使用者には広さ、視覚障害者には案内、オストメイトの人には専用のトイレが必要になります。

聞く、伝えるができない	薬がない	落ち着かない
知的障害者・発達障害者　視覚障害者　聴覚障害者　外国人・旅行者	高齢者・妊産婦　精神障害者　内部障害者	知的障害者・発達障害者　精神障害者　乳幼児・子ども
必要な情報を受け取れず、自分の希望を伝えることもできません。	必要な薬がなく、病状が悪くなるおそれがあります。	集団での生活がとくに困難です。

仮設住宅　復興へ！

利用できない ＞ 肢体不自由者

広い入り口、スロープがないと、入ることすらできません。トイレや風呂もせまく、段差があります。

補助犬は一緒に避難できるの？

補助犬と一緒に施設利用をすることは法律で認められています（→59ページ）。使用者は補助犬を連れて避難所に行き、補助犬と一緒に過ごします。補助犬は障害者の一部であることを理解しましょう。

●私たちになにができる？

災害時、実際に移動や避難の手助けをすることは難しいです。しかし、おたがいが助け合って、できることはやってみましょう。ほんの少しだけでも、ほかの人の気持ちを考えてみませんか？

困っている人がいることを知ろう

避難所やいろいろな場面で、さまざまな人たちと出会うでしょう。支援物資、食料の配給を受ける列に並ぶ、トイレに行く、情報を得るなどができない人がいます。だれがなにに困っていて、どんな助けがいるのか、自分でもできることがないかを考えてみましょう。

いろいろな人が使うことを考えよう

避難所にはいろいろな人が同じ場所に避難しています。たくさんの人が集まり、ふだんどおりの生活ができない状態が続きます。配布される物も限られて、ある物で対応していくことになります。できるだけむだにしないように、だれもが困ることがないように、みんなで使うことを考えましょう。

みんな一緒に乗りこえよう

災害時はだれもが災害弱者です。障害があったり、できないことがあったりすることを理由に、その人が必要な支援を受けられなかったとしたら、それは平等ではありません。困難があったとしても、少しの工夫や配慮で、おたがいに乗りこえていきましょう。

●過去の自然災害から学ぼう

過去の自然災害では、実際にどのようなことが起きていたのでしょうか。2011年3月に起きた東日本大震災で障害者支援にあたった人に話を聞きました。

災害発生直後

東日本大震災では、地震から30〜40分後に津波が起こりました。その間ににげることができなかったのが、聴覚障害者です。津波警報が聞こえなかったので、なにが起きたのかわからなかったのです。また、車いす使用者、視覚障害者が取り残され、被害にあいました。

宮城県の13の市町村では、障害者の3.5%にあたる1035人が亡くなったことがわかりました。これは住民全体の被害の2.5倍です。

避難所生活

今まで経験したことのない、すさまじい状況の中で、避難所では最初はみんな生き残ったことを喜びあって、生きぬいていこうとはげましあいました。しかし、3、4日経つとみんな自分や自分の家族を優先するようになりました。障害者の多くはさまざまな手助けが必要です。トイレに行くにも、車いす使用者や視覚障害者は介助が必要になります。視覚障害者は見えない、聴覚障害者は聞こえないため、食料も受け取ることができませんでした。発達障害や精神障害の人たちは環境が変わったため、動き回ったり、大声を出してしまったりして、みんなに迷惑と感じられてしまいました。結局、避難所はどの障害者にとっても、第2の被災地となってしまいました。

仮設住宅

避難所生活から1か月後に仮設住宅がつくられはじめました。しかし、障害者にとって使いやすいものではありませんでした。入り口はせまく、段差があちこちにあり、手すりもない。車いす使用者は入ることができません。実際に入居をあきらめた人がたくさんいました。熊本地震でも同じことがあったようです。

このように、どのような場面でも、障害者は二重、三重の被害を受けたのです。

おたがいを知ろう

災害時だけの話ではありません。日常から交流がないと、障害のない人は、障害者がどういうところで困って、なにが必要になるのかがわかりません。

石巻市の雄勝町（宮城県）は、障害者がふだんから避難訓練や祭りによく参加していたので、どの家にどういう障害をもった人がいるということをみんながわかっていたそうです。ですから、災害時も住民どうしの助け合いで、被害が少なかったのです。

健康な人でも、事故や病気でいつ障害者になるかわかりません。障害者として見るのではなく、自分の問題として考えてみれば、障害者のことが理解できるのではないでしょうか。あとは、どんなことでもいいから障害者に関心をもっていてほしいですね。

お話を聞いた人
藤井 克徳さん

NPO法人日本障害者協議会代表、日本障害フォーラム副代表、きょうされん専務理事。2011年3月11日の東日本大震災後、3月20日に現地入りし、障害者の状況を調査。支援本部を設置、障害者支援活動を続けた。

スーパーやコンビニに行く

食料品や日用雑貨、たくさんの商品が並ぶスーパーマーケットやコンビニ。地域のいろいろな人が買い物にやってきます。ここではどんな工夫があるのでしょうか?

店

Q 出入り口に段差がない

車いす使用者、ベビーカーの利用者はもちろんのこと、高齢者にとっても安心です。

Q 車いす用のカートがある

簡単に車いすにつなぐことができ、楽に買い物ができます。

Q 店員の手伝いがある

視覚障害のある人はどこになにがあるのかわからないので、案内が必要です。

Q 車いす使用者専用の駐車場

車いす使用者が乗り降りしやすいように、駐車スペースが広いです。店の入り口に近いと、雨の日でも便利です。

屋根がついた車いす専用の駐車スペース。

Q 通路が広い

車いす使用者、カートをおしている人にとっても通りやすいです。

なにを聞かれているのかわからない

会計の時、金額を伝えてくれるだけでなく、「ポイントカードがありますか?」「おはしは必要ですか?」「ふくろに入れますか?」などいろいろ聞かれることがあります。でも聞こえないので、なにを聞かれているのかわからないので、説明用の文字カードがあると便利ですね。

（藤川太郎さん）

店員さんがたよりです

セルフレジは、操作の仕方がわからず適当に画面をさわっていたらブザーが鳴ってしまったことがありました。あと、1列に並んで、空いた所に行く方式のレジは、いつ自分の順番になるのか、どこのレジに行っていいのかわかりません。トングで取るパンやそう菜もなかなか難しいですし、値段もわかりません。どこになにがあるのかもわかりませんから、案内してくれる店員さんがいないと困ります。

（鷹林智子さん）

Q 店で困っているのを見かけたら?

A 「お手伝いしましょうか?」「荷物を持ちましょうか?」と声をかけよう。

店の入り口や、店内で困っている人を見かけたら、「お手伝いしましょうか?」と聞いてみましょう。自分のできる範囲でいいので、お手伝いしてみてください。自分ができないことだったら、「店員さんをよんできます」「大人の人をよんできます」と伝えましょう。

お手伝いしましょうか?

レストランに行く①

レストランは、みんなが食事を楽しむ所。みんなが行くことができて、楽しめるように、店ではどんな工夫がされているでしょうか?

入り口に案内がある

段差がある場合は、インターフォンを設置、案内を掲示するなどして、店の人が対応できるようにしています。

いすが移動でき、店内が広い

いすが移動できると、車いす使用者は、どこでも好きな席を選ぶことができます。店内が広いと楽に移動できます。

車いす対応の広い店内(横浜ベイホテル東急「大志満」)。

案内を希望される方はお気軽にお申しつけください。

入店時に音で知らせる

人が入ると音が鳴り、店の人がすぐ気づいて案内してもらえるので、視覚障害のある人は安心です。

車いす使用者の駐車スペースがある

店の入り口の近くにあり、駐車スペースもほかより広いので、車いす使用者は便利です。

補助犬も一緒に入ることができる

補助犬(→56ページ)も使用者と一緒に入ることができるよう、法律で義務づけられています。

人が入ったことを知らせる設備。

おいしい店というより、入れる店を探します

入り口に段差があって、スペースがせまい店が多いですね。車いす使用者どうしで行ったら入店を断られたことがあります。2階にある店や、小さいレストランなどは入れないことがあります。みなさんはふつう、レストランに行く時はおいしいお店を探しますよね。でもぼくら車いす使用者は、とにかく入れる店を探すんです。せまくても柔軟に対応してくれるお店が増えてほしいです。

（白井誠一朗さん）

バリアを感じている人の声

補助犬の入店は断らないでほしい

私は補助犬を連れていないのですが、補助犬と一緒にレストランへ入ろうとしたら、断られた仲間がいます。こういう話はよく聞きますよ。その店の店長から、「飲食店では犬は不衛生だから」と言われたそうです。でも入り口に「ほじょ犬マーク」（→59ページ）がはってあったというから驚きました。まだまだ補助犬が理解されていないことを実感しました。　（上薗和隆さん）

犬の入店は
お断りです

ハンバーグ
レストラン

電話リレーサービスって知ってる？

聞こえにくい人や聞こえない人に代わって電話をかけてくれるサービスです。パソコンやスマートフォンでオペレーターにアクセスし、カメラがついていれば手話言語、もしくは文字入力で電話をかけてほしいことをお願いします。すると、オペレーターが代わりに電話をしてくれます。しかし、まだこのサービスに対応しているところが少ないです。

オペレーター

電話を
かけたい人

オペレーター
がそれぞれ
やり取り

話したい
相手

レストランに行く②

レストランに入ったら、食べたい物を選んで、店の人とやり取りをします。障害のある人のためにどのような配慮がされているのでしょうか?

店（みせ）

Q 点字、大活字のメニューがある

視覚障害のある人のために、メニューが点字で表記されています。

Q わかりやすい説明をしてくれる

店員が料理の説明やおすすめのメニューを教えてくれると、視覚障害のある人だけでなく、だれにでも選びやすくなります。

Q よび出しボタンがある

障害がある人だけでなく、すべての人にとって店員をよび出しやすくなります。

Q 説明を工夫している

視覚障害のある人に料理の配置を説明する時、「6時の位置におはし、8時の位置にご飯」などというように、時計の文字盤で説明するなどの工夫があります。

Q 筆談や手話言語でやり取りができる

聞こえない、聞こえにくい人には、筆談、手話言語で対応します。

手話言語ができる店員がいるレストラン。

さっと消せる筆談ボードは、何度も使え、便利です。

52

筆談で相談できるとうれしい

メニューは指差しでお願いしています。困るのは注文を復唱されることですね。聞こえないので適当にうなずいてしまったら、まちがわれたことがあります。あと料理の説明をしてくれるところもあるのですが、聞こえないので残念です。
以前、メニューにない料理を筆談で相談してみたことがあります。快く対応してくれてうれしかったです。
（藤川太郎さん）

点字メニューはうれしいのですが…

点字メニューはとても助かります。ですが、メニューが多いとすべて読むのが大変です。しかも視覚障害者みんなが点字を読めるわけではありません。ですから、私たちがたのんだら、店員さんにメニューを読み上げてもらいたいです。
（上薗和隆さん）

聞くことができるメニュー

点字メニューのほか、メニューを読み上げてくれる「ユーメニュー」というシステムもあります。読み上げ機能がある携帯電話やパソコンで、ユーメニューのアドレスに接続し、操作をしていくと、好きなレストランのメニューを読み上げてくれます。

ハンバーガー
510円

チーズバーガー
540円

服を買う

服を買う時、いろいろ見比べて、色の組み合わせを考えたり、試着をしたりして買うものを決めます。店にはどのような工夫があるのでしょうか?

🔍 広い試着スペース

車いすに乗ったままでも、介助者と一緒に入ることができます。中は広いスペースで着替えやすくなっています。

有楽町マルイ(東京都)の試着スペース。入りやすく、着替えもしやすい広さです。

🔍 くわしく説明

視覚障害のある人には、服のデザインや色、素材などについて、細かく説明します。

🔍 筆談ができる

聴覚障害のある人は筆談で会話をすることがあります。口話(口の動きを見て、話している内容を理解する。→2巻15ページ)ができる人には、口を大きく開けて、ゆっくりはっきりと話します。

店内に筆談ボードが用意されています。

🔍 広い通路

商品を見る通路が広めだと、だれでも通りやすく、商品をゆったり見ることができます。

バリアを感じている人の声

声をかけてくれるとうれしい

私たち視覚障害者は、買い物は店員さんがたよりです。しかしだれが店員さんかわからず、困ってしまうことがあり、声をかけてくれるとうれしいです。洋服の色合いや素材、どんなデザインかなどくわしく教えてほしいです。　　　　（上薗和隆さん）

これ、知ってる？

絵で表示されている案内をピクトグラムといいます。商業施設でよく見られるピクトグラムを紹介します。なにを示すものかわかりますか？

手話マーク
手話ができる人がいることを示します。（全日本ろうあ連盟）

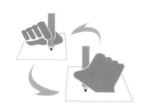

筆談マーク
筆談ができることを示します。（全日本ろうあ連盟）

耳マーク
聞こえないこと、聞こえにくいことを示すと同時に、聞こえない人、聞こえにくい人に対して配慮を表すマークです。「筆談してください」「筆談します」などの案内と一緒に表示されます。
（全日本難聴者・中途失聴者団体連合会）

一目でわかるね！

案内所
人がいる案内所を示しています。

救護所
救護所、保健室など応急処置をする施設を示しています。

非常ボタン
非常ボタンの位置を示しています。

警察
警察署や派出所、交番の場所を示しています。

忘れ物取扱い所
忘れ物を取り扱っている場所を示しています。

非常口
非常口の位置を示しています。

補助犬ってなんだろう？

補助犬とは、障害がある人を助ける犬のことで、盲導犬、介助犬、聴導犬のことをいいます。それぞれどんな仕事をしているか、くわしく見ていきましょう。

🐾 盲導犬とは

視覚障害のある人が安全に目的地に行けるよう手助けをする犬のことです。視覚障害のある人は、頭の中に地図や経路をえがき、それにそって盲導犬に指示を出し、目的地へ向かいます。盲導犬が目的地へ連れていってくれるのではなく、盲導犬と使用者が協力して、目的地まで向かうのです。

🐾 盲導犬の仕事

仕事中の盲導犬は白や黄色のハーネスをつけています。盲導犬は基本的に使用者の左側を歩きます。使用者はハーネスについているハンドルを持って歩きます。使用者は、ハーネスから伝わる盲導犬の動きで、周りの状況を判断しています。

「盲導犬」の表示
盲導犬であることを示すことが義務づけられています。

ハンドル
U字型の物が主流でしたが、最近は棒状のハンドルが使用されています。

ハーネス
ここから動きが伝わります。

盲導犬はおもに以下の3つの仕事を組み合わせて、使用者が安全に目的地に行けるよう誘導をしています。

角を教える
体を角にそわせて止まることで角を教えます。

段差を教える
のぼりでは1段目に前足をかけて止まることで段差を教えます。

障害物をさける
障害物があった時、ぶつからないようによけて歩きます。

🐾 介助犬とは

障害がある人を手助けする犬のことです。介助犬は使用者の手や足の代わりとなって生活の手助けをしてくれる存在なのです。室外では「介助犬」と表示されたケープを着用しています。

ケープ

🐾 介助犬の仕事

介助犬はさまざまなことで障害がある人を手助けしてくれます。いくつか例を見てみましょう。

指示された物を持ってくる

落として、取ることが難しい時など、指示した物を持ってきてくれます。

ドアや窓を開け閉めする

取っ手にひもなど、くわえやすい物をつけることで、開け閉めの手助けをしてくれます。

服を着替える手伝い

くつ下や服を引っぱって、脱がせてくれます。

車いすをひく

指示した時に車いすにつけられたひもなどをひき、手助けをします。

緊急時の対応

使用者になにかあった時、携帯電話などを持ってきてくれます。

どんな犬種が向いてるの？

盲導犬・介助犬として活躍している犬の多くは、ラブラドール・レトリバーやゴールデン・レトリバーなどの大型犬です。人と一緒にいることが好きな性格で、人を誘導するのに適している大きさです。優しそうな顔つきからも、レトリバー系の犬が選ばれています。介助犬ではゴールデン・ドゥードルなども活躍しています。

訓練中のようす。人が大好きで、人との作業を楽しんでいます。

ゴールデン・ドゥードルは毛が抜けにくいので、アレルギーがある人でも安心です。

🐾 聴導犬とは

ケープ

聴導犬は聴覚障害のある人の代わりに音を聞き、知らせる犬のことです。音をひとつひとつ聞き分け、必要な音を使用者に知らせます。

🐾 聴導犬の仕事

聴導犬は、音が聞こえると使用者にタッチし、音が聞こえる場所まで誘導します。外に出る時は「聴導犬」と表示されたケープを着用しています。

目覚ましが鳴ったことをタッチでお知らせ。

後ろから近づく自転車を知らせます。

🐾 聴導犬が知らせてくれる音

- ♪玄関のチャイムやドアのノック音
- ♪やかんの沸騰音　♪目覚まし時計の音
- ♪電話（FAX）の受信音　♪携帯電話やメールの着信音
- ♪赤ちゃんの泣き声　♪家族のよび声　♪自転車のベル
- ♪車の走行音やクラクション　♪火災報知器などの警報音
- ♪電子レンジや洗濯機などの電化製品のタイマー音　など

聴導犬は音を聞き分け、使用者に伝えるだけでなく、聴導犬と一緒にいることで聴覚障害の目印となり、周りも手助けしやすくなるという役割もあります。聴覚障害は見た目ではわかりにくい障害なので、これもとても重要な役割なのです。

🐾 これ、知ってる？

大型犬が活躍する盲導犬や介助犬とちがって、聴導犬には一般的に中型犬が多く選ばれています。体力があり、周囲に気づいてもらえる大きさが適していると考えられています。小さすぎると、町中を歩いてる時に気づかれずふまれたり、一緒にいろいろな場所に出かける必要があっても、体力がもたなかったりする可能性があるからです。また、聴導犬は動物愛護センターや動物愛護団体などの施設から適性がありそうな犬を選び、訓練をすることもあるため、犬種などは決められていません。

おだやかで人なつっこい性格の犬が候補犬として選ばれます。

タイマーの音をタッチで伝える訓練のようす。

🐾 補助犬あれこれ

● その① 〜町で補助犬に出会ったら〜

1 声をかけたり、さわったりしない

声をかけられたり、さわられることで補助犬の気が散ってしまい、仕事を忘れ、事故につながる可能性があります。

2 食べ物を見せない・あげない

きちんと使用者から決まった時間に決まった食事があたえられています。見せびらかしたりして補助犬の気をひくのもやめましょう。

3 見つめない

じっと見られることで、補助犬の集中が切れてしまいます。犬ではなく使用者のほうを見て、困っていそうなら声をかけて手助けをしてください。

4 使用者が困っていたら助けよう

補助犬の手助けがあっても、時にはさらに助けが必要な時があります。困っていそうな時は声をかけたり、筆談でコミュニケーションをとったりしましょう。この時、補助犬への指示は使用者が出すので、こちらからはなにもしてはいけません。

補助犬は仕事をしているよ。仕事中はじゃましないよう注意しよう。

● その② 〜補助犬の現状〜

補助犬を必要とする人はたくさんいますが、まだまだ数が少なく、希望者全員が使用できていません。補助犬の訓練に時間がかかるのと、資金が十分でないことが原因です。
また、お店が補助犬の入店を断ることがあるなど、まだまだ社会に広まっていないのが現状です。たくさんの人に補助犬について知ってもらう必要があります。

〈日本で活躍している補助犬の数〉

盲導犬　928頭 ＞

介助犬　61頭

聴導犬　67頭

※身体障害者補助犬実働頭数（2019年10月1日現在）
（出典：厚生労働省ホームページ）

● その③ 〜5月22日は「ほじょ犬の日」〜

「身体障害者補助犬法」という法律が2002年5月22日に成立したことにちなみ、定められました。
この法律により、使用者が補助犬の健康、衛生、行動などをきちんと管理したうえで、店などの施設を補助犬と一緒に利用できます。
また、店などの施設は補助犬を連れた人の利用を断ってはいけないという法律です。障害のあるなしにかかわらず、みんなが快適に楽しく過ごせるよう、少しずつでも理解を広げていきましょう。

Welcome!
ほじょ犬

「ほじょ犬マーク」は「身体障害者補助犬法」を広めるためのマークです。
（厚生労働省）

先生、保護者のみなさんへ　東洋大学名誉教授 髙橋儀平

「心のバリアフリー」が本書のタイトルです。「心のバリアフリー」については、障害のある人たちからさまざまな批判があります。いちばん多い批判は、他者をうやまうことを学ばず、あるいは平等な社会環境をつくろうとしないまま、障害の知識を学習し、技術的な行動や改善のみで心のバリアフリーを語ることです。社会の不平等が残されたまま心のバリアフリーをいくら学習しても、障害者の生活が改善するわけではありません。社会にある不平等な状態をいかに改善したり除去したりしていくことができるか、そのことを考えること、そして行動することが心のバリアフリーそのものです。本書では、心のバリアフリーとは何かを、先生方や保護者の方々がまずしっかり認識した上で、児童への行動を起こしていただきたいと考えています。

これまでの教育現場では、障害のある児童と障害のない児童を分けて教育することが、障害のある児童の成長や発達を促すと考えられてきました。もちろん学び方には個人差がありますので、その選択は児童本人や保護者の意志です。しかし、大人社会の都合で、障害のある人とない人を分離することは差別に当たります。差別を生み出す社会を改善することが心のバリアフリーです。

交流するインクルーシブ教育（障害のある子とない子がともに教育を受けること）ではなく、まず一緒に学ぶインクルーシブ教育を実現し、その上でうまくいかない場合に、どのようなサポートが必要かを考えてください。一緒にいないと良い知恵や工夫が想い浮かびません。毎日一緒にいれば必ず効果的なアイディアが生まれるはずです。そしてサポートしたい人が集まります。

繰り返しますが、差別や偏見は日常的に存在しますが、そのいずれも分離から始まります。運動会や勉強で競争することは当たり前ですし、一緒にいて個々の差が見えても、そのこと自体を差別と感じる人はいないでしょう。

心のバリアフリー教育や研修があまり効果的でないのは、児童の日常生活とかけ離れた学習だからです。例えば、ふだんほとんど会わない大人の視覚障害者や車いす使用者を招いて講話がよく行われますが、いちばんいいのは同学年の障害のある児童の話を聞くことです。そうすれば手助けできることが、意識せずに理解できると思います。大人たちは社会にあるバリアを一生懸命教えようとしますが、実はその児童の成長に合わせて児童自身が知っていけばいいことです。

大切なのは、保護者や先生自身が障害のある児童を特別な存在として意識しない、させないことです。

知っておきたい用語

この本の中に出てきた言葉やバリアフリーに関する用語の解説をします。

障害の社会モデル

困難な状況を引き起こすのは、その人に障害があるからではなく、社会や周りの環境に原因があるという考え方。2006年に国際連合で「障害者権利条約」が結ばれている。

合理的配慮

障害のある人から、日常生活のさまたげになっているバリアを取り除くよう要望があった時には、大きすぎる負担がない範囲で対応すること。障害者差別解消法で求められている。この法律では、身体障害、知的障害、発達障害、精神障害、そのほかの心や体の働きに障害がある人が対象となっている。

不当な差別的取扱い

障害のある人に対して、障害を理由にサービスの提供を拒否したり制限したりすること。これらは障害者差別解消法で禁止されている。

発達障害

生まれつき脳の一部の機能に障害があること。興味のあることがかたよったり、人と話すのが苦手だったりする「自閉症スペクトラム障害」、集中力がなく衝動的に行動してしまう「注意欠陥・多動性障害（ADHD）」、読み書きや計算などが苦手な「学習障害（LD）」などをふくみ、これらが重複することもある。

LGBT

性的少数者の総称のひとつ。性には「体の性」「心の性（性自認）」「好きになる相手の性（性的指向）」がある。レズビアン（L）、ゲイ（G）、バイセクシャル（B）、トランスジェンダー（T）を含めてLGBTとよばれる。
LGBTに性的少数者全般を表す「クィア（Q）」をつけた「LGBTQ」と表記することもある。心の性が男女どちらかわからない（決めない）「Xジェンダー」、好きになる性をもたない「アセクシュアル（無性愛者）」など、LGBTにあてはまらない、多様な人びとをふくむ。

障害者手帳

身体障害、知的障害、精神障害のために日常生活が困難な人に発行される。障害者手帳を持つことで、公共施設や交通機関の利用が割引になるなど、さまざまなサービスが受けられる。

身体障害者手帳

障害者手帳のひとつ。身体障害者福祉法にもとづいて、聴覚障害や視覚障害、肢体不自由、内部障害などが対象。障害の程度によって1級から7級に分けられているが、発行の対象は6級まで。

精神障害者保健福祉手帳

障害者手帳のひとつ。精神保健福祉法にもとづいて、統合失調症やうつ病、発達障害や知的障害などが対象。障害の程度によって1級から3級に分けられる。

療育手帳

障害者手帳のひとつ。知的障害のある人に発行される。障害の程度の基準は各都道府県によって異なる。

さくいん

1巻「身近な場所編」と2巻「おでかけ編」に出てくるバリアフリーに関する用語を取り上げています。

①は1巻、②は2巻のページを表します。
青い数字は、くわしい解説をしているページです。

監修
髙橋儀平（たかはし・ぎへい）
東洋大学名誉教授、一級建築士、工学博士、東京都福祉の
まちづくり推進協議会会長。専門分野は建築学、バリアフ
リー、ユニバーサルデザイン。
1972年東洋大学工学部建築学科卒。20代中ごろから
障害のある人の住まい・まちづくり活動にかかわり、だれ
もが公平な都市・社会環境デザインを目指している。また、
バリアフリー法やバリアフリー、ユニバーサルデザインガイ
ドラインづくりにかかわっている。
おもな著作に『さがしてみよう！ まちのバリアフリー』（監
修・小峰書店）、『車いすの図鑑』（監修・金の星社）、『福
祉のまちづくり　その思想と展開』（著・彰国社）がある。

ブックデザイン	石川愛子
イラスト	オグロエリ
写真	竹花聖美
協力	NPO法人DPI日本会議
	一般社団法人全日本ろうあ連盟
	社会福祉法人日本視覚障害者団体連合
	橋口亜希子　原 ミナ汰　藤井克徳
DTP	向阪伸一　山田マリア（ニシエ芸）
校閲	小学館クリエイティブ校閲室
編集	瀧沢裕子　市村珠里　板倉杏奈

写真提供・協力
一般財団法人全日本ろうあ連盟／一般社団法人全日本難聴者・中途
失聴者団体連合会／一般財団法人日本規格協会（JIS Z 8210：
2017）／一般社団法人日本パラ陸上競技連盟／NPO法人日本補助
犬情報センター／株式会社エクシオテック／株式会社オーエックスエン
ジニアリング／株式会社ケアテックジャパン／株式会社サカヱ／株式
会社JVCケンウッド／株式会社新興グランド社／株式会社小学館／株
式会社タカラトミー／株式会社ダンロップホームプロダクツ／株式会社
tobiraco／株式会社ピクスタ／株式会社フォトライブラリー／株式会
社丸井グループ／株式会社メガハウス／株式会社横浜ベイホテル東急
／木島バリアフリー研究所／岐阜市障がい福祉課／コイト電工株式会社
／公益財団法人交通エコロジー・モビリティ財団／公益社団法人日本聴
導犬推進協会／公益社団法人日本プロテニス協会／公益財団法人日本
盲導犬協会／厚生労働省社会・援護局障害保健福祉部／静岡県健康福
祉部福祉長寿局長寿政策課／島津SD株式会社／社会福祉法人日本介
助犬協会／社会福祉法人日本聴導犬協会／社会福祉法人日本点字図
書館／社会福祉法人日本盲人福祉委員会／髙橋儀平／ダブル・ピー株
式会社／千代田区立図書館／TOTO株式会社／パナソニック株式会社
／びっくりドンキー（株式会社アレフ）／光村図書出版株式会社／みー
んなの公園プロジェクト／大和産業株式会社／リオン株式会社

いろいろな人の目線で考えよう

心の
バリアフリー
を学ぶ
① 身近な場所 編

2020年3月22日　初版第1刷発行

監修	髙橋儀平
発行者	宗形 康
発行所	株式会社小学館クリエイティブ

〒101-0051
東京都千代田区神田神保町2-14 SP神保町ビル
電話　0120-70-3761（マーケティング部）

発売元　株式会社小学館
〒101-8001　東京都千代田区一ツ橋2-3-1
電話　03-5281-3555（販売）

印刷・製本　大日本印刷株式会社

NDC369／64P／277×210mm
©Shogakukan Creative 2020 Printed in Japan
ISBN978-4-7780-3549-5